DIE REIHE
Archivbilder

WEDDING
MITTEN IN BERLIN

Von der Berliner Innenstadt durch das Oranienburger Tor nach Norden kommend, trifft man auf den Weddingplatz mit seiner einst prachtvollen Dankeskirche. Hier gabelt sich die Straße nach Tegel in die links verlaufende Müllerstraße und rechts nach Reinickendorf mit der gleichnamigen Straße. Das Foto entstand um 1900.

Ralf Schmiedecke

Sutton Verlag GmbH
Hochheimer Straße 59
99094 Erfurt
http://www.suttonverlag.de

Copyright © Sutton Verlag, 2001

ISBN: 978-3-89702-366-6

Druck: Asterim Ltd., Chalford | GL, England

Als typischer Berliner Arbeiterbezirk ist der Wedding durch den Kampf der Arbeiter gegen die schlechten sozialen Verhältnisse geprägt und als „Rote Hochburg" der Kommunisten und Sozialdemokraten bekannt geworden. Das Foto zeigt den Demonstrationszug der Weddinger KPD am 1. Mai 1929 in der Berliner Innenstadt.

Inhaltsverzeichnis

Danksagung	6
Einleitung	7
Bibliographie und Bildnachweise	10
1. Uff'm Wedding	11
2. „Plumpe" am Gesundbrunnen	25
3. Wohnen im Alt- und Siedlungsbau	47
4. Freizeitvergnügen	59
5. Öffentliche, soziale und kulturelle Einrichtungen	69
6. Verkehr und Wirtschaft	87
7. Gebietsreform 1938	101
8. 700-Jahr-Feier im Wedding 1951	107
9. Zweiter Weltkrieg, Nachkriegszeit und Mauerbau	113

Danksagung

An dieser Stelle möchte ich allen großzügigen Leihgebern danken, die mir freundlicherweise ihre privaten Bilder und Fotografien überließen, damit dieser Bildband abgerundet werden konnte.

Privatsammlungen:
Helga Schöppe, Berlin-Wedding
Klaus Dietz, Berlin-Charlottenburg

Folgenden Firmen und Institutionen sei ebenfalls gedankt:
Zucker-Museum Berlin, Schering AG, Landesarchiv Berlin, BVG-Archiv (Berliner Verkehrsbetriebe), Heimatmuseum Wedding

Bedanken möchte ich mich auch bei den Händlern der Flohmärkte Am Kupfergraben und in der Straße des 17. Juni, der „Empore" im Antikmarkt am Bahnhof Friedrichstraße und bei „Jufu's Trödelkiste" in Berlin-Tegel für die Hilfe, Weddinger Motive zurückzulegen und mir anzubieten, so daß ich meine Privatsammlung vervollständigen konnte.

Für die kritische Durchsicht der Texte und Bildkommentare danke ich den Damen Hella Kiefer und Bianca Troschke.

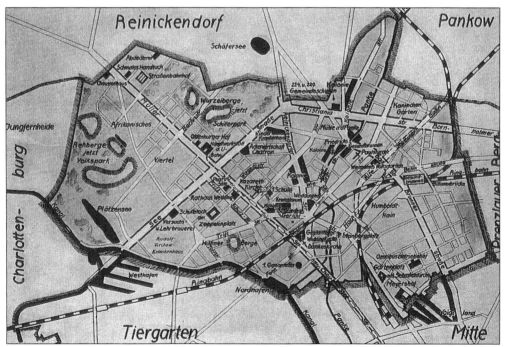

Der von W. Bräuer gezeichnete Plan des Bezirks Wedding mit den historischen Örtlichkeiten anno 1935. Auf dem Plan sind schon das 1938 zugeschlagene Gebiet des Pankower Dreiecks an der Nordbahn sowie das spätere Kasernengelände in der Charlottenburger Jungfernheide auszumachen.

Einleitung

„Aller guten Dinge sind drei", sagt ein altes Sprichwort. Das läßt sich auch auf die Beziehungen des Weddings zu Berlin anwenden.

Zunächst wurden am 1. Januar 1861 die schon in Berliner Besitz stehenden Orte nördlich des Voigtlandes, nämlich Neu-Wedding und Luisenbad (Gesundbrunnen), die ländlichen Wohngebiete Gegen Moabit, Hungriger Wolf, Corsika und Kleiner Wedding sowie Johannisberg auf der Weddinger Feldmark zu Stadtteilen von Berlin.

1915 kam der östliche Teil, die zum Gutshof Plötzensee gehörenden Ländereien, zum Wedding. Durch die Bildung der Stadtgemeinde Groß-Berlin am 1. Oktober 1920 wurde der Wedding zum 3. Berliner Stadtbezirk.

Seit dem 1. Januar 2001 bildet der Wedding aufgrund der Bezirks- und Verwaltungsreform mit Mitte und Tiergarten den Großbezirk Berlin-Mitte. Der Wedding gehört nun zum Zentrum der deutschen Bundeshauptstadt.

Die Bezeichnung „Auf dem Wedding" wurde am 22. Mai 1251 erstmals in den Urkunden der Markgrafen Johann I. und Otto III. des Berlinischen Stadtbuches erwähnt. Keimzelle des Weddings ist ein am 14. August 1289 erwähntes herrschaftliches Gut des Ritters Rudolphe von Weddinghe nebst dem früh verlassenen Dorf Wedding an der Panke in Höhe der heutigen Weddingstraße/Ecke Reinickendorfer Straße. Im Jahre 1602 gingen der Weddinghof und seine Ländereien in den Besitz des Kurfürsten über. Bis 1720 belieferte das Vorwerk Wedding den Hof des Kurfürsten sowie die Höfe der späteren Könige mit Lebensmitteln. Zehn Jahre später wurden die Wälder im Wedding abgeholzt. Dadurch entstand eine unfruchtbare Sandwüste. Der Boden war wenig ertragreich und reichte zum Weiden von Schafen und Rindern kaum aus.

Die Panke durchzieht, über Pankow kommend, mit 3,5 Kilometer Länge den Wedding und fließt in südlicher Richtung zur Spree. Am nördlichen Abschnitt der Panke, in Höhe der heutigen Badstraße, wurde auf der Pankeinsel 1714 eine Walkmühle errichtet, die Tuch für Uniformen bearbeitete. Bei einem Besuch der Mühle wurde Friedrich I. Wasser aus einer Quelle gereicht, das er als wohltuend bezeichnete. Der Apotheker Markgraf untersuchte deshalb die Quelle. Sie war eisenhaltig und hatte heilende Wirkung. Daraufhin baute der Hofapotheker und Arzt Dr. Heinrich Wilhelm Behm 1758 das Gebiet um die Quelle mit Brunnenhäuschen als Kuranstalt mit Wandelhalle aus und nannte die Anlage Friedrichs-Gesundbrunnen. 1799 besuchte die junge Königin Luise das Kurbad. Ihr zu Ehren wurde die Anlage 1809 in Luisenbad umbenannt. Die neue Bezeichnung setzte sich im Volksmund jedoch nicht durch. Die Einheimischen formten aus dem Namen Gesundbrunnen, durch Brunnen und Pumpen, den Begriff „Plumpe". Aufgrund der Parzellierung und Bebauung mit Mietskasernen sowie der Kanalisierung auf dem Gesundbrunnen versiegte die Quelle 1893.

Vor allem das Gebiet um die Badstraße entwickelte sich zum beliebtesten Vergnügungsviertel des Berliner Nordens. Berühmte Gärten und Theater, u.a. „Ballschnieders Kastanienwäldchen", das „Rose-Theater" und „Weimanns Volksgarten", entstanden. Das Luisenbad wurde 1874 zur Anlage Marienbad mit Theater umgebaut. Spätestens zur Einführung des Tonfilms 1926 wurden viele der Vergnügungsstätten zu Kinos.

Die Müllerstraße ist die zentrale Einkaufsstraße auf dem Wedding. Sie ist Teil des alten Heerweges, der über Tegel nach Ruppin führt, und wurde 1827, nördlich der Panke, nach den 25 ansässigen Müllern mit ihren Windmühlen benannt. Die Müllerstraße stellt die wichtigste Nord-Süd-Verbindung im Wedding dar. Sie kreuzt die Seestraße, die als Teil der 67 Meter breiten Gürtelstraße die wichtigste Ost-West-Verbindung darstellt. Auch hier gab es viele Vergnügungslokale und Kinos. Bekannte Namen wie „Café Luxemburg", die „Pharus-Säle" und die Kinos „Welt-Theater", „Kinomatographen Theater", „Fortuna-Lichtspiele", „Apollo in Sachons

Restaurant", „Schiller Lichtspiele", „Scala Filmtheater", „Alhambra" und der an der Utrechter Straße gelegene „Mercedes Palast" erinnern daran.

Zu den grünen Lungen des Weddings zählen der Humboldthain, der Volkspark Rehberge mit dem Goethepark, der Schillerpark und der auf Initiative des Sozialdemokraten Walter Nicklitz in den 1950er Jahren begonnene Ausbau des Pankegrünzuges. Die Pankepromenade trägt heute seinen Namen. Größtes Gewässer im Wedding ist der Plötzensee.

Viele expandierende Industrien aus der Berliner Innenstadt verlegten ab 1850 ihren Sitz in den Wedding. Dazu gehören bekannte Firmen wie die AEG, Schwarzkopff, Schering, Osram, Rotaprint, Hildebrand, Groterjan, Kühne und Wittler.

Wegen der Mobilitätsprobleme der damaligen Zeit zogen viele Arbeiter in die Nähe der Fabriken. Den unfruchtbaren und sandigen Boden des Weddings nutzten Spekulanten zum Bau von Mietskasernen. Jeder Raum in den Gebäuden, vom Keller bis zum Dachboden, wurde von mehreren Personen genutzt. Berüchtigtes Beispiel ist der 1873/74 erbaute Meyers Hof in der Ackerstraße 132/133. In sechs Gebäuden und dem Bad in einer Remise im letzten Hof hausten und arbeiteten in Kellerräumen und etlichen Remisen auf den Höfen mehr als 1.200 Menschen in unvorstellbarem Elend.

Ab 1904 wurden besser ausgestattete Wohnquartiere errichtet, u.a. die Versöhnungs-Privatstraße an der Hussitenstraße, die sogenannten Posadowsky-Häuser an der Wollankstraße des Vaterländischen Bauvereins, das Karl-Schrader-Haus der Berliner Baugenossenschaft an der Liebenwalder Straße und die Wohnanlage des Berliner Sparvereins am Nordufer. Durch Änderung der Bauvorschriften 1925 entstanden offene Wohnsiedlungen, wie z.B. die Friedrich-Ebert-Siedlung an der Afrikanischen Straße sowie die Bruno-Taut-Siedlung „Schillerpark" um die Bristolstraße.

Straßennamen prägten ganze Stadtviertel im Wedding. Dazu gehören das Afrikanische und Englische Viertel an der oberen Müllerstraße. Die Namen Barfus-, Ofener-, Schöning- und Ungarnstraße gingen aus den Türkenkriegen hervor. Südlich der Seestraße sind das Holländische und Belgische Viertel sowie Straßenbezeichnungen nach Nordseeinseln zu finden. Am Gesundbrunnen wurden viele Straßennamen nach Orten oder Inseln der Ostsee oder nach Orten der Mark Brandenburg benannt. Schwedische und norwegische Orte sind an der Osloer Straße zu finden. Im eigentlichen Wedding um den Nettelbeckplatz gibt es Straßenbezeichnungen wie z.B. Wiesen- und Fennstraße. Sie erinnern daran, wie die Gegend in der damaligen Zeit ausgesehen hat.

1939 war der Wedding mit 50,7 Prozent der am stärksten bebaute Teil Berlins und hatte 232.000 Einwohner. Im Jahre 2001 hat der neu geschaffene Großbezirk Mitte insgesamt 325.000 Einwohner.

Durch Wirtschaftskrisen und die schlechten Lebensverhältnisse wurde der Arbeiterbezirk Wedding eine „Rote Hochburg", die zunächst sozialdemokratisch geprägt war. Im Jahre 1929 hatte der Wedding mit 64.000 Arbeitslosen den größten Anteil in Berlin. Im gleichen Jahr wurde durch die Bezirkswahl die KPD vor der SPD stärkste Partei. Aus dieser Zeit stammt wohl das bekannteste Lied der Arbeiterbewegung des Weddings, von Erich Weinert geschrieben und von Hanns Eisler komponiert: „Roter Wedding". 1932 waren bereits rund 100.000 Menschen der Weddinger Bevölkerung arbeitslos. Trotz der Machtübernahme 1933 durch die Nationalsozialisten verlor der Stadtbezirk nicht sein Gesicht.

Am 1. Januar 1938 erhielt der Wedding durch die Gebietsreform etwa 15 Prozent mehr Fläche. Sie stieg auf 15,42 Quadratkilometer. Pankow-West (Gebiet südlich des S-Bahnhofes Wollankstraße), Teile Reinickendorfs südlich der Reginhardstraße und ein Teil der Jungfernheide, heute das Kasernengelände am Kurt-Schumacher-Damm, kamen dazu. Außerdem wurde die Bezirksgrenze an der Liesenstraße und der Bernauer Straße (u.a. vor der Versöhnungskirche) begradigt.

Ab 30. September 1940 fielen die ersten Bomben in Höhe der Schulzendorfer Straße auf den Wedding. Bis 1945 wurden ein Drittel aller Wohnungen, vor allem im Süden des Weddings, zerstört.

Nach dem Zweiten Weltkrieg stand der Wedding zunächst unter britischer Verwaltung. Am 12. August 1945 wurde er gemeinsam mit Reinickendorf französische Besatzungszone.

Mit dem Bau der Ernst-Reuter-Siedlung zwischen Acker- und Gartenstraße begann 1953 der offizielle Wiederaufbau im Wedding. Mit der größten Kahlschlagssanierung in der Bundesrepublik Deutschland wurde 1963 beiderseits der Brunnenstraße begonnen. Rund 14.700 Wohnungen mit etwa 40.000 Einwohnern und 1.760 Gewerbebetrieben (Stand 1961) waren davon betroffen. Durch Neubau auf altem Straßenraster wurde bis 1985 eine neue Wirklichkeit geschaffen. Urbanitätsprobleme und Hausbesetzungen zwangen in den 1980er Jahren die Politiker, auf die behutsame Stadterneuerung umzuschwenken. Entkernung und Begrünung der Höfe und Erhaltung der alten Vorderhäuser prägen von nun an das Stadtbild im Wedding.

Vom 2. bis 10. Juni 1951 feierte der Wedding mit einem Umzug und einem Volksfest am Leopoldplatz seine 700jährige Zugehörigkeit zu Berlin. Am 26. Oktober 1955 erhielt er durch den Berliner Innensenator Joachim Lipschitz erstmals ein vom Heraldiker O. Neubecker entworfenes Wappen mit aufgesetzten Mauerzinnen, der altmärkischen Familie von Weddinghe (Bild) entlehnt. Das Wappen ist Teil des Magdeburger Domkapitels von 1608. Auf Wunsch der SPD wurde der blaue Hintergrund des gelben geflügelten Pfeils – welcher den Fortschritt im Wedding darstellt – durch rot ersetzt. Es sollte die Geschichte des „Roten Weddings" symbolisieren.

Durch den Mauerbau am 13. August 1961 wurde der Wedding von seinen Wurzeln zur Berliner Innenstadt abgeschnitten. Traurigstes Kapitel waren die Geschehnisse an der Bernauer Straße, deren südliche Bebauung Teil der Staatsgrenze der DDR war. Menschen sprangen aus den Häusern in die Freiheit oder in den Tod. Mahnende Kreuze erinnern daran. Am 9. November 1989 öffnete sich erstmals die Mauer in Deutschland im Wedding am ehemaligen Grenzübergang Bornholmer Straße.

Erinnert werden soll noch an die Toten des Volksaufstandes in der DDR am 17. Juni 1953, die auf dem Städtischen Urnenfriedhof an der Seestraße begraben sind.

Als bekannte Persönlichkeiten, die im Wedding wirkten, seien beispielhaft die Bürgermeister Carl Leid und Erika Heß sowie der Maler Otto Nagel genannt.

Im Jahre 2001 gehört der Wedding 750 Jahre zu Berlin. Auch wenn es ihn als Bezirksnamen nicht mehr gibt, werden sich die Bewohner weiterhin als „Weddinger" mit ihrem Stadtteil identifizieren.

Bibliographie

Bezirksamt Wedding von Berlin: Rechts und Links der Panke. Bearbeitet von Karl Ernst Rimbach, Verlag Heimat und Werk, Berlin 1961.
Bezirksamt Wedding von Berlin, Abt. Bauwesen: Der Wedding im Wandel der Zeit, Verlagsbuchhandlung Koll, Berlin 1985.
Bezirksverwaltung Wedding: Wedding. Zur 75-Jahr-Feier der Eingliederung in Berlin. Bearbeitet von Carl Matthes und Gerhard Stracke, Verlag Deutsche Kultur-Wacht, Berlin 1935.
Dettmer, Klaus: Wedding, Colloquium Verlag, Berlin 1988.
Die neuen Berliner Bezirke (ab 1. Januar 2001), Edition Gauglitz, Berlin 2000.
Girra, Dagmar: Wegweiser zu Berlins Straßennamen (Wedding), Edition Luisenstadt, Berlin 1993.
Holländer, Hans: Geschichte der Schering Aktiengesellschaft, Schering, Berlin 1998.
Joop, Heidrun: Berliner Straßen Beispiel: Wedding, Edition Hentrich, Berlin 1987.
Müller, Bernhard: Stadtreisen Berlin e.V.: Wedding-Berlin Tour 3, Stattbuch Verlag, Berlin 1990.
Oertzen, Christiane von, Jäger, Gabriele: Boulevard Badstraße, Edition Hentrich, Berlin 1993.
Olbrich, Hubert: Zucker-Museum Berlin, Druckhaus Hentrich, Berlin 1989.
Sandvoß, Hans Rainer: Widerstand in einem Arbeiterbezirk (1933-1945) Wedding, Informationszentrum, Berlin 1983.
Schimmler, Bernd: Der Wedding – ein Bezirk zwischen Tradition und Fortschritt, Verlagsbuchhandlung Koll, Berlin 1985.
Stephan, Bruno: 700 Jahre Wedding, Süssenguth Verlagsgesellschaft, Berlin 1951.
Wille, Klaus Dieter: 41 Spaziergänge in Reinickendorf und Wedding, Band 27, Haude & Spener, Berlin 1979.

Bildnachweis

Öffentliche Archive:
Landesarchiv Berlin: S. 4, 11, 12 o., 17 u., 20 o., 25, 26 o., 27 u., 34 o., 49, 59, 60 o., 75 o., 87, 91 u., 92 u., 98 o., 113, 123 u., 127

Behörden, Institutionen und Betriebe:
Berliner Verkehrsbetriebe: S. 34 u., 88 u., 90 o., 92 o.
Heimatmuseum Wedding/Bezirksamt Mitte von Berlin: S. 29 o.
Schering AG: S. 96, 97 o.
Zucker-Museum Berlin: S. 84-86

Private Sammlungen:
Klaus Dietz: S. 76 f.
Helga Schöppe: S. 120 u., 121 o.
Ralf Schmiedecke: S. 2, 12 u., 13-16, 17 o., 18 f., 20 u., 21-24, 26 u., 27 o., 28, 29 u., 30-33, 35-48, 50-58, 60 u., 61-67, 68 o., 69-74, 75 u., 78-83, 88 o., 89, 90 u., 91 o., 93-95, 97 u., 98 u., 99-112, 114, 119, 120 o., 121 u., 122, 123 o., 124-126

1
Uff'm Wedding

Der Weddinghof an der Ecke Reinickendorfer und Weddingstraße, gezeichnet von Müller von Sondermühlen im Jahre 1887. In unmittelbarer Nachbarschaft lag im 13. Jahrhundert an der Panke das früh verlassene Dorf Wedding. Beides ist heute nicht mehr vorhanden.

Der „Gasthof zum Oldenburger Hof" in der Müllerstraße 53 hatte zwei Weltkriege überstanden und galt als letzte Ausspannung im Wedding. Der Gasthof wurde zugunsten eines Kinoneubaus 1952 abgerissen.

Das Restaurant „Sachon" in der Müllerstraße 136 gehörte zu den beliebtesten Vergnügungslokalen am Weddinger Boulevard. An gleicher Stelle an der Ecke Seestraße wurde 1921 das Kino „Alhambra" errichtet.

Auf dem Grundstück Müllerstraße 24 in Höhe der Antonstraße befand sich um 1800 die erste Windmühle zum Mahlen des Korns auf dem Weddinglande. Dieses Foto entstand 1904. Im Erdgeschoß befanden sich die Sattlerei Herrmann Krause und der Frisiersalon Wegner.

Um den Transport zwischen den Berliner Kopfbahnhöfen zu bewerkstelligen, gab es auch in den Weddinger Höfen Fuhrunternehmen. Dieser Betrieb in der Müllerstraße fuhr um 1910 zum Stettiner Bahnhof.

Die Dankeskirche wurde von 1882 bis 1884 von August Orth auf dem Weddingplatz erbaut. Ihren Namen erhielt die Kirche nach zwei mißglückten Attentaten von Hödel und Nobiling auf Kaiser Wilhelm I. im Jahre 1878. Die im Zweiten Weltkrieg zerstörte Kirche wurde 1972 durch einen unscheinbaren Kirchenbau von Fritz Bornemann ersetzt.

Das Haus Fennstraße 2 am Weddingplatz mit dem Hutladen von Gertrud Riedel, der Mehlhandlung Hubert Röseler und einer Spedition im Jahre 1925. Es ist eines von fünf Altbauten in der Fennstraße, die noch heute erhalten sind.

Im Fotoatelier von Edgar Wallmann in der Müllerstraße 174, an der Ecke zur Fennstraße, entstand um 1900 dieses Foto. Die Frau trug die typische Sonntagskleidung jener Zeit.

Diese ungewöhnliche Aufnahme von der Fennstraße in Richtung Weddingplatz wurde 1909 aufgenommen. Heute befinden sich links und rechts der Fennstraße bis zur Müllerstraße die Gebäude der Schering AG.

Zwischen Weddinghof und Weddingplatz liegt auf halbem Wege der Nettelbeckplatz. Benannt wurde er nach Joachim Christian Nettelbeck, der Gneisenau 1807 bei der Verteidigung der Festung Kolberg gegen die Napoleonischen Truppen half. Die Aufnahme zeigt die nördliche Bebauung des Platzes zwischen der Reinickendorfer Straße und der Ringbahn. In der Mitte verläuft die Pankstraße.

Die Aufnahme zeigt den nordwestlichen Teil des Nettelbeckplatzes zwischen Gericht- und Pankstraße. Inmitten befindet sich die Reinickendorfer Straße. Der Pfeil markiert in etwa den ehemaligen Standort des Weddinghofes.

Der Nettelbeckplatz in südlicher Richtung von der Pankstraße aus gesehen. Hinter dem heute noch als Teilruine vorhandenen Eckgebäude an der Reinickendorfer und Lindower Straße sind die Gleise der Ringbahn mit dem S-Bahnhof Wedding zu erkennen. Die Aufnahme entstand um 1939.

Die Lindower Straße im Jahre 1926. Die Straße ist ein wichtiger Umsteigepunkt vom Ringbahnhof Wedding zur U-Bahn in der Müllerstraße. Händler boten ihre Waren an. Im Hintergrund sind die Fabrikanlagen der Schering AG zu sehen.

Nahe der Feuerwache Wedding in der Reinickendorfer Straße 15/Ecke Ravenéstraße befanden sich die „Konzerthallen des Wedding". Die Aufnahme entstand 1914. Inhaber war zu dieser Zeit Hugo Billepp.

Jede Ecke hat ihre Kneipe. Das ist auch hier an der Reinickendorfer/Ecke Gottschedstraße so. Das repräsentative Eckhaus ist bis heute erhalten.

Auch Frauen waren als Straßenbahnschaffner unterwegs. Das Bild entstand 1910 vor dem Schulneubau Pankstraße 20-22 in Höhe Wiesenstraße. Zu dieser Zeit gab es 23 Straßenbahnlinien im Wedding.

Weddinger Stadtidylle in der Pankstraße an der Kreuzung Wiesenstraße. Der Pferdewagen ist auf dem Weg in Richtung Nettelbeckplatz. Sämtliche Häuser auf der linken Seite wurden im Zweiten Weltkrieg zerstört.

Von der Walter-Röber-Brücke (Wiesenstraße) entstand diese Aufnahme von der kanalisierten Panke um 1927. Die rechtsseitige Bebauung an der Orthstraße existiert heute nicht mehr. Im Hintergrund ist der Turm des Amtsgerichts Wedding zu erkennen.

Im zweiten Hof der Kösliner Straße 8 befand sich der „Nord-Palast", häufiger Treffpunkt der Arbeiterbewegung. Die Kösliner Straße galt ab dem 1. Mai 1929 nicht nur als rot, sondern auch als radikal. Der Polizeipräsident Friedrich Zörgiebel hatte die Maidemonstration in der Straße blutig niedergeschlagen, da dort von den Arbeitern erheblicher Widerstand geleistet und Barrikaden errichtet wurden.

Meist wurden auch Räume im Souterrain gewerblich genutzt. Das Foto von 1922 zeigt die Holz- und Kohlehandlung von Anna Ziemann im Haus Adolfstraße 4. Das Gebäude wurde im Zweiten Weltkrieg zerstört.

Der von Benediktinerpater Ludgerus angeregte Bau der St.-Josephs-Kirche (1907-1909) ist vom Architekten Brunning als romanischer Sandsteinbau mit zwei jeweils 37 Meter hohen Türmen errichtet worden. Das Gotteshaus in der Müllerstraße 161 lag am 26. April 1945 in der Hauptkampflinie um das Berliner Stadtzentrum und brannte aus. Bekanntester Pfarrer der Kirche war Max Joseph Metzger, der aktiver Widerstandskämpfer war. Er wurde 1944 im Zuchthaus Brandenburg hingerichtet. Der Platz gegenüber trägt heute seinen Namen.

Die „Pharus-Säle" in der Müllerstraße 142 mit großen Fest- und Versammlungsräumen wurden am 15. Juli 1907 eröffnet. Die Säle waren in den 1920er und 1930er Jahren traditioneller Versammlungsort der KPD. 1945 wurden die „Pharus-Säle" zerstört.

Das mit einem Restaurant verbundene „Café Luxemburg" befand sich in der Müllerstraße 153-154/Ecke Luxemburger Straße. Heute befindet sich dort das Leopold-Center.

Für die stark wachsende Nazarethgemeinde wurde auf der nördlichen Seite des Leopoldplatzes die im gotischen Stil vom Baurat Max Spitta in vier Jahren errichtete Neue Nazarethkirche 1893 geweiht.

Das Bild zeigt die östliche Bebauung des Leopoldplatzes mit den Häusern der Nazarethkirchstraße 49a-48. Die beiden Eckhäuser an der Kreuzung Turiner Straße sind im Zweiten Weltkrieg zerstört worden. Sie wurden durch schmucklose Neubauten ersetzt.

Am nördlichen Ende des Leopoldplatzes entstand um 1939 das Foto von der Kneipe „Zum juten Happen" an der Ecke zur Hochstädter Straße.

In der Amsterdamer Straße 15 nahe der Malplaquetstraße befand sich in einer Remise auf dem Hof der Stall der Melkerei August Monn.

2
„Plumpe" am Gesundbrunnen

Die Aufnahme zeigt den Kurgarten um 1900 mit dem Quellhäuschen am Luisenbad. Die Giebelinschrift „In der Quelle ist Hilfe" weist auf die heilende Wirkung des eisenhaltigen Quellwassers hin. Durch den Bau der Kanalisation versiegte die Quelle 1893. Im Zuge des Baus der Travemünder Straße wurde das Brunnenhäuschen am 14. März 1908 abgerissen.

Im Hof des Luisenbades (später Marienbad) in der Badstraße 35-36 befand sich um 1900 ein Schwimmbassin mit Duschkabinen, Wannenbädern und einer römische Dampfsauna. Diese waren eine wichtige hygienische und äußerst fortschrittliche Einrichtung für die „Plumpe", da die wenigsten Wohnungen ein Bad hatten.

Das Foto zeigt den Konzert- und Theatersaal „Marienbad", um 1900. Der Besitzer Carl Galuschki baute den Saal 1911 zum „Kinomatographentheater" mit 500 Plätzen um. Der spätere Pächter Fritz Holz betrieb neben dem Kino eine Filmverleihanstalt mit Filmwäscherei im hofseitigen Comtoirgebäude. Heute befindet sich dort die Weddinger Zentralbibliothek.

Das Foto von 1911 zeigt das Herzstück des Gesundbrunnens, die Badstraße, in Höhe der Panke. Das Haus links wurde 1892 von Carl Galuschki errichtet. Zum Bau der Travemünder Straße wurde es 1908 teilweise abgebrochen und als Eckhaus neu errichtet. Im neu geschaffenen Giebel des Hauses erinnert ein Relief des Quellhäuschens an die einstige Geschichte.

Auf der einstigen Pankeinsel in der Badstraße 41a wurde im Februar 1874 ein Pferdebahnhof erbaut, der ab 1892 als Hauptwerkstatt der Straßenbahn diente. Das Foto entstand um 1900 von der Schwedenstraße aus gesehen. In den 1920er Jahren wurde an gleicher Stelle die Betriebswerkstatt Uferstraße von Jean Krämer errichtet, die heute eine Reparaturwerkstatt für Omnibusse ist und das BVG-Archiv beherbergt.

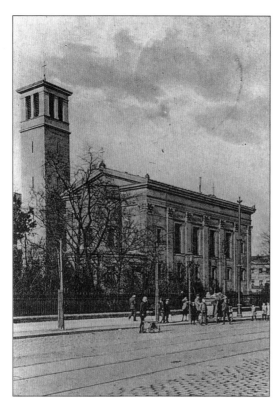

Auf 2,5 Morgen Land wurde nahe dem Luisenbad die von Friedrich Schinkel erbaute Kirche „St. Paul" am 28. Juni 1835 geweiht. Der separat stehende Glockenturm wurde 1890 durch Max Spitta errichtet, um das Gotteshaus inmitten der wachsenden Mietshäuser optisch größer erscheinen zu lassen. Die ungewöhnliche Aufnahme entstand 1901 in Höhe des heutigen Heimatmuseums in der Pankstraße.

Die Kirche „St. Paul" von der Badstraße aus gesehen. 1911 wurde das Gemeindehaus eröffnet. Die bekanntesten Prediger der Gesundbrunner Gemeinde waren Christian Friedrich Bellermann (1835-1858) und sein Nachfolger Philipp Buttmann. Nach beiden sind Straßen in der Nähe von „St. Paul" benannt.

Auf der linken Seite des Ende der 1920er Jahre aufgenommenen Fotos ist das älteste noch erhaltene Weddinger Schulgebäude in der Pankstraße 47 zu sehen. Seit 1989 befindet sich hier das Heimatmuseum Wedding. Das Gebäude wurde 1864 vom Baumeister Petersen in der Tradition des schlichten preußischen Backsteinbaus errichtet.

Die erste elektrische Straßenbahn in Berlin fuhr von Pankow kommend über die Wollankstraße und Prinzenallee. Die Aufnahme von 1898 zeigt die Endhaltestelle an der Badstraße.

„Weimanns Volksgarten" wurde um 1850 vom Kunstgärtner August Henkel in der Badstraße 54-56 angelegt. 1861 kaufte der Cafetier Eduard August Weimann den Garten und baute in den nächsten Jahren die Restauration mehrmals um. Im Sommer bot der Volksgarten bis zu 10.000 Gästen Platz.

Auf dem Parkgelände von „Weimanns Volksgarten" wurde 1904 die Bastianstraße angelegt, parzelliert und bebaut. Einst befand sich die Wasch- und Plättanstalt von Hermann Malchow in der Bastianstraße 15 (heute 19).

Bernhard Rose zog 1902 mit seinem Ensemble in das „Deutsche Clubhaus" in die Badstraße 58. Dort betrieb er mit seinem Theater eine der ambitioniertesten Bühnen am Gesundbrunnen. Zudem wurde in den Sommermonaten auch auf einer Bühne im Garten mit Restauration gespielt.

Richard Ballschmieder erwarb 1898 das Grundstück Badstraße 16. Er baute eine pompöse Anlage im wilhelminischen Stil mit Prachtsaal und Konzertgarten. Die Anlage nannte er „Ballschmieders Kastanienwäldchen".

Die Aufnahme von 1896 zeigt die Schranken der Stettiner Eisenbahn von 1842 in der Badstraße in Höhe der Grüntaler Straße. Als der Eisenbahnverkehr in die Feriengebiete an der Ostsee mit täglich 100 Dampf- und 30 Güterzügen zunahm, wurde die Strecke 1897 in einen Bahngraben am Humboldthain verlegt.

Anschaulich ist hier das Volksleben um 1913 am Gesundbrunnen dargestellt. Die Stettiner Straße verbindet die Badstraße mit der Osloer Straße. Zu sehen ist die Kreuzung an der Bellermannstraße. In der Stettiner Straße 5 wurde 1838 die erste Kinderbewahrungsanstalt des Weddings eingerichtet.

Die Himmelfahrt-Kirche am Humboldthain (Blick von der Ramlerstraße auf die Brunnenstraße) wurde in romanisch-gotischer Form mit einem 72 Meter hohen Turm von August Orth errichtet und im Juni 1893 eingeweiht. Die Kirche wurde im Zweiten Weltkrieg zerstört. In moderner Form wurde sie 1956 von Otto Bartning an der Gustav-Meyer-Allee neu erbaut.

Ungewöhnliche Aussicht von der Böttgerstraße aus dem Jahre 1909 in Richtung Hochstraße über die Bahngleise zum Humboldthain und der Himmelfahrt-Kirche. Durch Kämpfe im Zweiten Weltkrieg am nahegelegenen Flakbunker im Humboldthain ist die ganze Idylle zerstört worden.

Das Foto vom Bahnhof Gesundbrunnen entstand 1935 von der sogenannten Millionenbrücke aus. Der Personenverkehr wurde am 1. Januar 1871 auf der Ringbahn aufgenommen. 1895 bis 1897 wurde der Bahnhof durch A. Wegner umgebaut. Separate Empfangsgebäude für den Fern- und Vorortverkehr an der Badstraße und für den S-(Ring-) Bahnverkehr auf der Brücke an der Brunnenstraße wurden errichtet.

Der U-Bahnhof Gesundbrunnen wurde nach Plänen von A. Grenander und A. Fehse am 18. April 1930 im Zuge des Neubaus Neanderstraße (heute Heinrich-Heine-Straße) bis Gesundbrunnen unter den Gleisen der Nord-Süd-Bahn und der Ringbahn eröffnet. Das Foto vom Bahnsteig entstand 1962. Nach Jungfernheide ist Gesundbrunnen der tiefste U-Bahnhof Berlins.

Die „Lichtburg" wurde 1930 gegenüber dem Bahnhof Gesundbrunnen eröffnet. Sie war mit 2.000 Plätzen das größte Kino im Einzugsbereich der Badstraße. 2.000 Lampen mit insgesamt 30.000 Watt leuchteten kilometerweit in den nächtlichen Himmel.

Die Swinemünder Brücke überspannt seit 1905 die Gleisanlagen der Stettiner Bahn östlich des Bahnhofs Gesundbrunnen. Im Volksmund wird die 228 Meter lange, stählerne Nietenkonstruktion Millionenbrücke genannt. Zur Errichtung war ein für die damalige Zeit sensationeller Kostenaufwand von 1,25 Millionen Mark erforderlich.

Das Bild zeigt den Innenraum der St.-Afra-Kirche in der Graunstraße 31. Die Kirche wurde 1898 auf dem Gelände des Klosters der Grauen Schwestern nach Plänen des Architekten Welz errichtet. Dort wurden zunächst gefährdete und strafentlassene Mädchen und Frauen betreut. Erst 1907 wurde die Kirche Mittelpunkt einer neu gebildeten Gemeinde am Gesundbrunnen.

Kleiderstoffe gab es im Warenhaus Heymann Weiss im Eckhaus Lortzing- und Graunstraße. Die Aufnahme von 1905 zeigt das Leben des „Tiefen Weddings" rund um die Brunnenstraße.

Bier, Wein, Fruchtsäfte und Cognac wurden in der Großdestillation und Likör-Fabrik von Gustav Martini in der Swinemünder Straße angeboten. Außerdem war hier die neue Technik des Fernsprechers zu nutzen.

In guter Lage, direkt neben dem „Beamtentor" der AEG, befand sich eine Pfandleihe (vormals Müller) in der Brunnenstraße 112. Alfred Lehmann übernahm 1912 das Geschäft, in dem neben Uhren und Goldwaren auch Spazierstöcke verpfändet werden konnten.

Die Friedenskirche in der Ruppiner Straße war einst von Mietskasernen umgeben. August Orth konzipierte den von der Straße zurückgesetzten Bau im Jahre 1891. Heute umrahmen Neubauten die Friedenskirche.

Die Aufnahme des „Cigaretten"-Geschäfts von Franz Proske entstand 1915 in der Ruppiner Straße 21. Der Laden befand sich einst gegenüber der Friedenskirche nahe dem Vinetaplatz.

Die St.-Sebastian-Kirche ist als zweiter katholischer Kirchenbau in Berlin 1893 auf dem Gartenplatz errichtet worden. Als Vorbild diente dem Architekt Max Hasak die Marienburger Elisabethkirche. Auf dem Platz befand sich einst der Galgen als öffentliche Hinrichtungsstätte. Als letzte wurde die Giftmörderin Meyer am 2. März 1837 hingerichtet. Angeblich spukt sie noch heute um Mitternacht in der Kirche.

Der Vinetaplatz wurde als Pendant zum Ankonaplatz in Mitte angelegt. Er erhielt seinen Namen am 5. September 1874. Vineta soll eine sagenhafte Stadt auf der Ostseeinsel Wollin gewesen sein, die 1183 durch eine Sturmflut untergegangen ist.

In der sogenannten Belle Etage dieses Mietshaus in der Hussitenstraße 19 befand sich um 1910 das Polizeirevier Nr. 59. Im Vordergrund weist ein durch eine Gaslampe beleuchtetes Schild auf das Polizeirevier hin.

Dieses reich bestuckte Haus befand sich in der Usedomer Straße 7. Die Aufnahme von 1926 zeigt die Weinhandlung von Hugo Beling sowie die Belegschaft einer Rind- und Schweineschlachterei. In der Durchfahrt bot ein Händler seine Räucherwaren an.

Straßenszene in der Usedomer Straße in Höhe der Wattstraße. In der Hausnummer 11, in der Bildmitte, befand sich das Vorderhaus der von der evangelischen Landeskirche unabhängigen evangelisch-lutherischen Nordkirche.

Zwei Bilder von der Ecke Prinzenallee und Osloer Straße aus verschiedenen Jahrzehnten. Das obere Bild aus dem Jahre 1900 zeigt noch den Marktplatz mit der Handels-Gärtnerei in der Osloer Straße. 1950 entstand das untere Bild mit dem 1928 von Hans Heinrich Müller errichteten Umspannwerk im Stil einer gotischen Kathedrale mit vorgewölbtem Dachgesims sowie einem innenliegenden dreieckigen Treppenhaus.

Das Foto entstand in den 1920er Jahren an der belebten Kreuzung Prinzenallee und Osloer Straße. Die Straßenbahn fährt in Richtung Pankow. Im Hintergrund ist der Turm der 1904 geweihten Stephanuskirche zu erkennen.

Heute kaum vorstellbar: Der Oldtimer steht in Gegenrichtung vor dem Haus Osloer Straße 15. Die Osloer Straße ist Teil der heute stark befahrenen Ost-West-Verbindung im Wedding in Richtung Stadtautobahn.

Die vordere Prinzenallee von der Badstraße aus gesehen. Im fünften Haus auf der linken Seite befand sich im Hof der Nummer 87 die 1910 errichtete Synagoge Gesundbrunnen des 1899 gegründeten „Jüdischen Synagogenvereins Ahawas Achim". Die Gemeinde zählte bis 1938 etwa 1.000 Mitglieder im Standesamtsbezirk Wedding.

Die Soldiner Straße war eine der aktivsten „Roten Hochburgen" am Gesundbrunnen. Die Aufnahme von 1940 zeigt die Soldiner Straße von der Grüntaler Straße aus. Im Hintergrund ist der Turm der Stephanuskirche an der Prinzenallee zu sehen.

Die Feuerwache Stockholm wurde 1912 bis 1913 vom Stadtbaurat Ludwig Hoffmann in der Stockholmer Straße 4 erbaut. Umrahmt wird die Feuerwache gegenüber dem Pankegrünzug an der Osloer Straße von modernen Stahlskelettbauten von 1928 bis 1931 des Architekten (Karl) Hugo Häring.

Drei Schüler wurden mit ihren Schulmappen auf dem zweiten Hof der Prinzenallee 69 im Kriegsjahr 1917 fotografiert. Im Hintergrund ist der Turm der Feuerwache Stockholm zu erkennen. In den Gebäuden rechts befindet sich bis heute ein Garagenhof mit Werkstatt.

Die Aufnahme von 1930 zeigt die Häuserzeile der Koloniestraße 18-21 in Höhe der Osloer Straße. Das vordere Gebäude mit den Nummern 18-19 mußte in den 1970er Jahren einer Turnhalle und einem Erweiterungsbau des Oberstufenzentrums Nachrichtentechnik weichen.

Am nördlichen Ende der Koloniestraße zur Kühnemannstraße entstand das Foto aus dem Jahre 1941. Zentrum dieses separat liegenden Wohnquartiers war das Lokal „Die Krücke".

3

Wohnen im Alt- und Siedlungsbau

Von 1924 bis 1928 wurde die Siedlung „Schillerpark" mit 96 Wohnungen von Bruno Taut für den Berliner Spar- und Bauverein errichtet. Das Bild zeigt den lichtdurchfluteten Innenpark der Siedlung an der Dubliner und Corker Straße.

Das Foto zeigt die Hennigsdorfer Straße 14 im Jahre 1904 mit dem Geschäft der Rind- und Schweineschlächterei von Carl Barude. Er bot einen „Privaten Mittagstisch" an. Dieses Gebäude hat seit 1937 die Adresse Groninger Straße 34.

Die Oudenarder Straße erinnert an den in Belgien gelegenen Ort Oudenaarde, der Schauplatz des Spanischen Erbfolgekrieges war. 1708 errangen Prinz Eugen und der englische Feldherr Marlborough da einen Sieg über die Franzosen. Die Aufnahme zeigt die Restauration von Joseph Kladziwa im Hause Nummer 40 (heute 28).

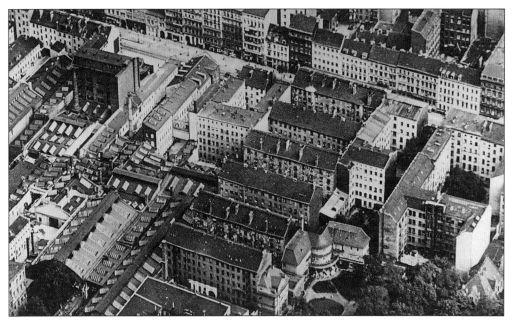

Der Bankier Jacques Meyer ließ 1873 bis 1874 vom Architekten Adolf Erich Wittling in der Ackerstraße 132-133 die Mietskaserne „Meyershof" errichten. Die Luftaufnahme aus den 1930er Jahren zeigt die sieben durch sechs schmale Höfe getrennten Häuser, in deren 300 Wohnungen zeitweise über 1.200 Menschen hausten. Im Vordergrund ist der begrünte Hof des Lazarus-Krankenhauses erkennbar. Im Hintergrund liegt das weitläufige Fabrikgelände der Eisengießerei Keyling & Thomas, die u.a. gasbetriebene Straßenlaternen produzierte.

Eine Straßenansicht von „Meyershof" im Jahre 1965. Nur das Vorderhaus und das erste Quergebäude überstanden den Zweiten Weltkrieg. Sie wurden 1972 endgültig abgerissen.

Am 29. Juli 1902 wurde der Vaterländische Bauverein gegründet. Das erste Bauprojekt des Vereins war die Wohnanlage der Versöhnungs-Privatstraße zwischen der Hussitenstraße 4-5 und Strelitzer Straße 43, von Baurat Georg Schwarzkopff entworfen und 1904 feierlich eingeweiht.

Die Wohnanlage der Versöhnungs-Privatstraße umfaßte 206 Wohnungen mit Küche, Speisekammer und Toilette. Acht Wohnungen im Vorderhaus in der Hussitenstraße (Foto) hatten sogar ein Bad. Der Name der Anlage entstand durch Bestrebungen gegen Ende des 19. Jahrhunderts, die Arbeiterschaft mit Staat und Gesellschaft zu versöhnen.

Die schmucken Vorderhäuser wurden von den Hofgestaltungen nach Stilrichtungen aus der baugeschichtlichen Entwicklung Berlins und von den Gärten noch weit übertroffen. Das Foto entstand im II. Hof in altmärkischer Bauweise mit dem Hohenzollerngarten. Dieser ist heute noch teilweise erhalten.

In altdeutscher Bauweise erwuchs der Nürnberger Hof mit dem Elisabethgarten. Bemerkenswert sind die Fassadenbemalungen mit Rittern und Geistlichen. Hier wurde Berlin als kurfürstliche Residenz im 16. Jahrhundert dargestellt. In diesem III. Hof befanden sich eine Badeanstalt, ein Kinderhort mit Turnsaal, eine Kochschule sowie ein Kinderspielplatz.

Aus einer anderen Perspektive geht der Blick in den Nürnberger Hof. Der dreieckig gestaltete III. Hof war der größte in der Versöhnungs-Privatstraße.

Der IV. Hof war der deutschen Renaissance der brandenburgischen Residenz Berlin des 17. Jahrhunderts gewidmet. Die Grünanlage hieß Friedrich-Wilhelm-Garten.

Die Aufnahme zeigt den V. Hof. Im Barockstil angelegt, ist er dem Gewand der preußischen Königsstadt nachgeahmt. Der nicht abgebildete VI. Hof versinnbildlichte Berlin als Kaiserstadt der Gründerjahre und wurde der Moderne Hof genannt.

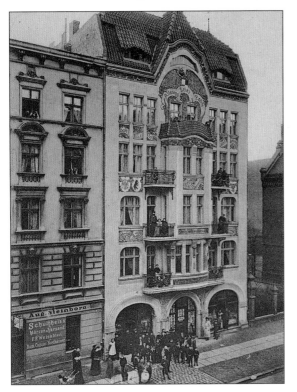

Mit diesem Foto vom Vorderhaus in der Strelitzer Straße verlassen wir die Versöhnungs-Privatstraße. Große Teile der Anlage wurden im Zweiten Weltkrieg zerstört. In der Hussitenstraße ist u.a. die Bronzefigur des Reformators Johannes Hus erhalten geblieben.

Feierlich wurde im Juli 1929 der Grundstein für die Friedrich-Ebert-Siedlung gelegt. Die Siedlung wurde an der oberen Müllerstraße (Foto) von den Architekten Mebes und Emmerich für die Bauträgergesellschaft „Spar- und Bauverein Eintracht eGmbH" errichtet.

Die Friedrich-Ebert-Siedlung während der Zeit des Dritten Reiches „Eintracht-Siedlung" genannt. Eine Erweiterung reichte bis zur Windhuker Straße gegenüber dem Volkspark Rehberge. Im Vordergrund ist der Sperlingsee nahe dem Parkeingang in der Petersallee zu sehen.

Die Aufnahme zeigt das um 1940 errichtete Afrikanische Viertel an der Togostraße zwischen Nachtigalplatz und Otawistraße. Die Wohnungen sind alle mit Innentoiletten und Bädern ausgestattet.

Im Jahre 1928 entstand diese Wohnanlage von Erich Glas an der Liverpooler/Ecke Glasgower Straße. Rechts neben dem Portal der Liverpooler Straße 10 (Bildmitte) schmückt ein Fuchs die verklinkerte Fassade.

Aus der abgespalteten Nazareth-II-Gemeinde entstand 1908 die Gemeinde der Osterkirche. Der Kirchenneubau wurde von den Architekten August Georg Dinklage, Ernst Paulus und Olaf Lilloe an der Ecke Sprengelstraße zur Samoastraße im Stil des märkisch-gotischen Backsteinbaus errichtet und am 18. Juni 1911 geweiht. Die Kirche wurde in die Wohnbebauung integriert.

Das Bild erinnert an die gute alte Zeit. In diesem Lokal mit dem gemütlichen Vorgarten in der Föhrer Straße 7 befand sich einst der Bierausschank der Brauerei Patzenhofer.

Zu den aktivsten „Roten Hochburgen" im Wedding gehörte auch die Kolberger Straße zwischen Wiesen- und Gerichtstraße. Das abgebildete einfache Mietshaus mit der Nummer 9 ist heute nicht mehr vorhanden.

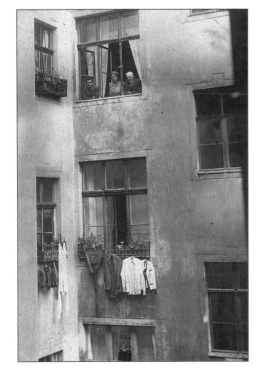

Hinterhofmilieu im Wedding. Die Leute schauen aus dem Fenster des „Berliner Zimmers" auf den Hof der Zechliner Straße 2. Typisch sind auch die Blumenkästen, die zum Wäschetrocknen zweckentfremdet wurden.

57

Loggien und Balkone zierten das Haus Wiesenstraße 3 nahe dem S-Bahnhof Humboldthain. Hinter den Häusern Wiesenstraße 2 und 3 verlief ebenerdig die Kurve der Stettiner Bahntrasse von 1890 in Richtung Pankow.

Reich mit Pflanzen geschmückte Einzelbalkone zierten das Mietshaus in der Jasmunder Straße 9. Im Erdgeschoß befand sich das „Colonialwaren"-Geschäft von Emilie Zienow.

4
Freizeitvergnügen

Die Aufnahme von 1918 zeigt den Rummelplatz des Volksparks zwischen Prinzenallee und Panke. Rechts verläuft die Soldiner Straße.

Der Clown und Spaßmacher Adolf Rautmann, alias Onkel Pelle, eröffnete 1906 in der Müllerstraße 147 den Berliner Nordpark. Der Rummelplatz wurde nach seinem Tod 1938 geschlossen. Heute erinnern noch drei Pappeln vor dem Rathaus-Neubau an ihn.

Böhmische Gemütlichkeit im Sportlokal „Löwen" in der Kiautschoustraße 13 an der Ecke zum Pekinger Platz.

Das Bild zeigt die am 17. Juni 1877 vom Turnlehrer Auerbach am Westufer des Plötzensees eröffnete Badeanstalt. Die städtische Wassersportanlage wurde erst 1922 geschaffen und erfreut sich noch heute anhaltenden Zuspruchs.

In dem 7,7 Hektar großen und 5,5 Meter tiefen Plötzensee soll einer Sage nach ein Dorf mit habgierigen Menschen untergegangen sein. Aus ihnen sollen Plötzen geworden sein. In der Johannisnacht soll man noch heute die Kirchenglocken des versunkenen Dorfes läuten hören.

In der Müllerstraße 83 in Höhe der heutigen Belfaster Straße befand sich das im Volksmund „Schmales Handtuch" genannte Gebäude. Es handelte sich um ein Fachwerkhaus mit einer Zweifensterfront. Dort lebte der letzte Sandfuhrmann Berlins, Karl Rudolf Kirks, bis in die 1930er Jahre. Er transportierte Sand aus den Rehbergen. In einer Sturmnacht fiel das Haus 1934 in sich zusammen.

Die Aufnahme zeigt den langgestreckten Möwensee im Volkspark Rehberge mit der „Kolonie Klein-Afrika" an der Windhuker Straße. Der Volkspark wurde von 1926 bis 1929 von rund 1.200 Notstandsarbeitern, den „Rehbergern", angelegt.

Für die Veteranen des Ersten Weltkrieges wurde ab 1918 die einzige Einfamilienhaussiedlung im Wedding zwischen Senegal- und Afrikanischer Straße errichtet. Die Aufnahme entstand 1928 vom Volkspark Rehberge aus gesehen. In der Mitte des Bildes verläuft die Transvaalstraße. Rechts davon befindet sich der Goethepark.

Gemauerte Nischen mit Sitzbänken laden zum Verweilen an der Großen Spielwiese im Volkspark Rehberge ein. Im Hintergrund ist das „Park-Café" zu erkennen.

In den Wurzelbergen wurde in den Jahren 1909 bis 1913 der 25 Hektar große Schillerpark vom Magdeburger Gartenarchitekten Friedrich Bauer angelegt. Die Aufnahme von 1916 zeigt im Vordergrund den Rosengarten.

Vor der 11 Meter hohen Terrasse, auch Schillerburg genannt, befindet sich ein Abguß des Schillerdenkmals von Reinhold Begas. Das Original steht am Gendarmenmarkt.

Diese Postkarte wurde im Jahre 1917 abgestempelt und zeigt das knöchelhohe Wasservergnügen, das die Besucher an heißen Sommertagen auf der Planschwiese im nördlichen Teil des Schillerparks an der Dubliner und Bristolstraße genießen konnten.

Von der Terrasse des Schillerparks aus ist links die Feuerwache Schillerpark an der Edinburgher Straße zu erkennen. Die Wohnhäuser auf der rechten Bildseite befinden sich in der Barfusstraße.

Zum 100jährigen Geburtstag Alexander von Humboldts wurde am 14. September 1869 der Grundstein für den Humboldthain am Gesundbrunnen gelegt. Zum Andenken an Humboldt wurde diese Steingruppe (Findlinge) mit Gedenktafel 1883 errichtet. Auf der linken Seite ist der Turm der Himmelfahrt-Kirche zu sehen.

Schüler Lennés war der Landschaftsgärtner und Gartenbaudirektor Gustav Meyer. Nach seinen Plänen entstand die 22 Hektar große und älteste Parkanlage des Weddings – der Humboldthain. Nach ihm wurde am 8. März 1894 die südlich des Parks gelegene Allee (Foto) benannt.

Zur künstlerischen Ausstattung des Humboldthains gehörte das Standbild des „Weißen Stiers" aus Marmor nach Entwürfen von Ernst Moritz Geyger aus dem Jahre 1903.

Das Sommerbad im Humboldthain wurde auf einem ehemaligen Kinderspielplatz angelegt und am 11. August 1951 eröffnet. Das Foto wurde von der 86 Meter hohen Humboldthöhe aufgenommen. Auf der rechten Seite in der Bildmitte ist der S-Bahnhof Humboldthain zu erkennen.

Im Hof vor dem Schulgebäude der 1892 von Paul Hesse errichteten 9. Höheren Bürgerschule in der Prinzenallee 8 entstand am 23. März 1914 diese Aufnahme des Turnvereins Gesundbrunnen.

Frühjahrsputz im Jahre 1963 im Kleingarten der Familie Schöppe in der „Kolonie Wiesengrund" nahe dem S-Bahnhof Bornholmer Straße.

5

Öffentliche, soziale und kulturelle Einrichtungen

Mittelpunkt des gärtnerisch gestalteten, 30.000 Quadratmeter großen Brunnenplatzes nach Plänen des Gartenbaudirektors Märting ist das Amtsgericht Wedding. Vorbild des 1906 eröffneten spätgotischen Baus von Mönnich und Thoemer war die Albrechtsburg in Meißen.

Aus finanziellen Gründen wurde das Rathaus Wedding erst zehn Jahre nach der Bezirksbildung am 19. November 1930 eröffnet. Das heute als Rathaus-Altbau bezeichnete Verwaltungsgebäude mit dem Rathenausaal wurde im Stil der neuen Sachlichkeit vom Architekten und Stadtbaurat Martin Wagner errichtet.

Ludwig Hoffmann erbaute 1909 die Beuth-Schule am Zeppelinplatz, die seit 1976 mit den Neubauten der Gauß-Schule und der Akademie für Bauwesen zur Technischen Fachhochschule vereinigt ist. Die Fachhochschule an der Luxemburger Straße ist heute der Mittelpunkt des studentischen Lebens im Wedding.

An der Gerichtstraße befindet sich das Krematorium Wedding. In dem 1912 von William Müller errichteten Gebäude wurde die erste Feuerbestattung in Preußen vorgenommen. Auf dem Urnenhain sind bekannte Berliner Persönlichkeiten begraben.

In der Schulstraße 99/100 wurden 1876 die 65. und 77. Gemeindeschule mit insgesamt 32 Klassenzimmern eröffnet. 1939 erhielt die Schule eine Turnhalle in der Reinickendorfer Straße. Anstelle der zerstörten Schule steht seit 1952 das „Haus der Jugend" am Nauener Platz.

Das Foto aus dem Jahre 1926 zeigt das von 1884 bis 1887 von Friedrich Schulze errichtete Lessinggymnasium in der Pankstraße 18-19. Rechts im Bild ist die Uferböschung der Panke zu sehen. Hinter dem Gymnasium verlaufen die Gleise der Ringbahn.

Das Schulgebäude der 285. und 295. Gemeindeschule wurde 1910 von Ludwig Hoffmann in der Tegeler Straße 18-20 erbaut. Diese Postkarte mit rückwärtigem Stundenplan war in der Schulbuchhandlung F. Donath im Nebenhaus erhältlich.

Eine Aufnahme von 1912 auf dem Brunnenplatz. Auf der rechten Seite befindet sich das 1906 erbaute Schillergymnasium an der Pank-/Ecke Böttgerstraße. Das Lyzeum brannte im Krieg total aus und wurde 1956 als Diesterweggymnasium wieder eröffnet.

Das Klassenfoto entstand im August 1969 zur Einschulung in die Wilhelm-Hauff-Grundschule in der Gotenburger Straße 8/10. Die Klassenlehrerin der 1d war Frau Finkelmann. Der Lehrer Peter-Lutz Kindermann führte die Klasse ab 1970 für fünf Jahre weiter.

Dieses Vorkriegsfoto entstand als Erinnerung an die Kindergartenzeit auf dem Hof des Hauses Stralsunder Straße 50.

Die Ackerstraße war während der Gründerjahre lange Zeit ein Paradebeispiel für den unsozialen Wohnungsbau im Wedding. Wohltuend hob sich das Kinderheim des St.-Marien-Stiftes nahe der Feldstraße hervor.

1868 gründeten wohlhabende Bürger den „Berliner Asyl-Verein". Vorsitzender war seinerzeit Gustav Thölde. Ziel des Vereins war die private Obdachlosenfürsorge durch das liberale Bürgertum. 1896 begann der Verein an der Wiesenstraße 55 das Obdachlosenasyl für 700 Personen, im Volksmund Wiesenburg genannt, zu errichten. Im Zweiten Weltkrieg wurden Teile der Anlage zerstört. Die Ruinen werden heute gern als Filmkulisse genutzt.

An der Verlängerten Fennstraße, heute Schönwalder Straße 21, liegt das Vereinshaus „St. Michael", ein christliches Hospiz. Es diente einst als Dauerwohnheim mit der Möglichkeit des Mittagstisches. Seit den 1960er Jahren ist dort ein Hotel.

Anläßlich der 75-Jahr-Feier der Berliner Feuerwehr im Jahre 1926 entstand das Foto von der Feuerwache Wedding an der Reinickendorfer Straße. Der gesamte Zug war schon damals mit modernen elektrobetriebenen Fahrzeugen ausgestattet. Die Feuerwache Wedding wurde von

1869 bis 1870 vom Bauinspektor Hacker erbaut. Im Zweiten Weltkrieg wurde der rechte Flügel mit dem Erker zerstört. Dieser Teil entstand bis zum Eckhaus an der Ravenéstraße in den 1950er Jahren neu.

Als viertes städtisches Krankenhaus wurde nach siebenjähriger Bauzeit am 1. Oktober 1906 die nach Rudolf Virchow benannte Anlage mit 1.600 Betten am Augustenburger Platz eröffnet. Abgebildet ist das Hauptportal im Jahre 1934.

Der Mediziner Rudolf Virchow hatte sich als Kommunalpolitiker für die Verbesserung der ungesunden Wohnverhältnisse eingesetzt und hygienische Einrichtungen angeregt. Auf seine Initiative hin wurde 1869 der Humboldthain angelegt. Diese im Jahre 1914 abgestempelte Postkarte zeigt den noch wenig begrünten Augustenburger Platz mit den als Hof angelegten kleinen Vorbauten des Virchow-Krankenhauses.

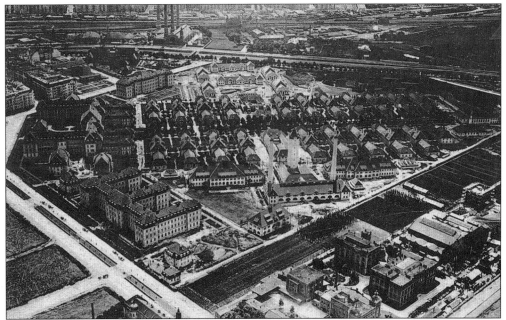

Die Luftaufnahme von 1907 zeigt das weitläufige Gelände des Virchow-Krankenhauses, erbaut von Ludwig Hoffmann. In der Bildmitte lassen sich gut die 57, als Pavillons angelegten Krankenstationen erkennen. Auf der linken Seite verläuft die Amrumer Straße, die nördlich davon am Augustenburger Platz endet.

Am Nordufer nahe dem Virchow-Krankenhaus liegt das weltbekannte Robert-Koch-Institut. Die Abteilung für Infektionskrankheiten wurde im Jahre 1900 von der Charité in dieses Gebäude ausgegliedert. Robert Koch selbst wirkte dort von 1900 bis 1910. In einem zum Mausoleum umgebauten Laborraum wurde er in einer Urne beigesetzt.

Nach fünf Jahren Bauzeit wurde das Lazarus-Kranken- und Diakonissenhaus in der Bernauer Straße 115-117 am 16. Mai 1870 eingeweiht. 1882 fand hier die erste Gallenblasenoperation der Welt statt, ausgeführt durch Professor Dr. Langenbruch.

Auf dem Hof des Lazarus-Krankenhauses vergnügten sich im Jahre 1938 junge Mädchen mit Gesang und Lautenklang.

Das Bild entstand im begrünten Hof des Lazarus-Krankenhauses. Fröhliche Mädchen tanzten einen Reigen. In der oberen Bildmitte ist ein Quergebäude von „Meyershof" zu sehen.

Diese Aufnahme entstand 1928 in der Küche des Lazarus-Krankenhauses.

1887 wurde das Paul-Gerhardt-Stift in der Müllerstraße 56-57a eröffnet. Architekten waren Schwarzkopff und Theisig. Es ist das Diakonissen- und Krankenhaus mit angebauter Kirche im Jahre 1914 zu sehen.

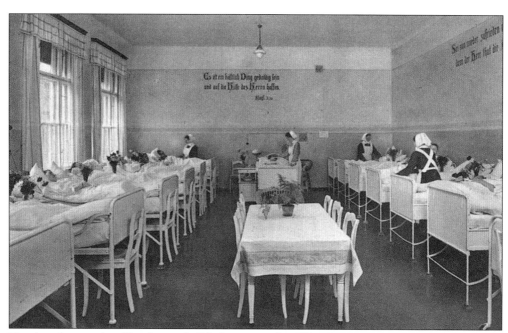

Ein damals typischer Krankensaal. Bibelzitate an den Wänden verweisen auf die christliche Nächstenliebe im Paul-Gerhardt-Stift.

Im Dachgeschoß des Paul-Gerhardt-Stifts befand sich einst eine Lehrwaschküche.

Das traditionelle Jüdische Krankenhaus zog 1914 von der Auguststraße im Berliner Scheunenviertel in die großzügig angelegten Krankenhausneubauten mit modernster Ausstattung in der Iranischen Straße im Wedding. Zum Verweilen lädt der Springbrunnen mit seinen liebevoll angelegten Grünanlagen ein.

Das Institut für Zuckerindustrie wurde 1867 gegründet und zog 1902/03 in das nach Plänen des Baurates Anton Adams erbaute wilhelminische Gebäude in der Amrumer Straße 32. Im Foyer befinden sich die Büsten der Zuckerwissenschaftler Andreas Sigismund Marggraf und Franz Carl Achard. Marggraf entdeckte 1747 den Zucker in der Runkelrübe, Achard stellte 1798 den ersten Rübenzucker her.

Am üppig verzierten Hauptportal fallen unter dem Kopfrelief der Göttin Athene (Beschützerin der Wissenschaft) aus Füllhörnern Zuckerrüben den lauernden Ratten entgegen. Dies zeigt den Verlust und den Schaden an den Zuckerrüben durch die Nager.

Die Internationale Raffinose (Zucker)-Konferenz fand vom 20. bis 22. September 1910 im Institut für Zuckerindustrie statt. Vorne rechts sitzt der erste Direktor des Instituts, Prof. Dr. Alexander Herzfeld.

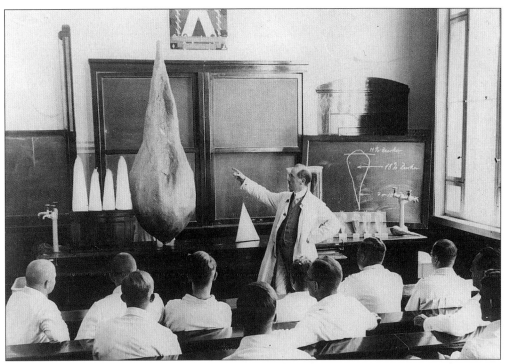

Prof. Dr. Oskar Spengler war von 1926 bis 1947 Direktor des Institutes. In einer Vorlesung um 1930 demonstrierte er anhand eines riesigen Pappmodells vor Studenten den technologischen Wert einer Zuckerrübe.

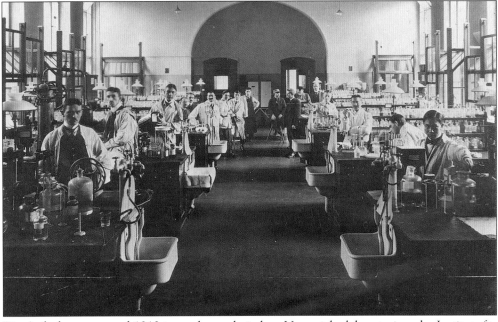

Die Aufnahme entstand 1913 im zuckeranalytischen Unterrichtslaboratorium des Instituts für Zuckerindustrie. Hier wurde u.a. der Zuckergehalt in Runkelrüben bestimmt.

Im dritten Obergeschoß befindet sich auf rund 300 Quadratmetern Ausstellungsfläche das 1904 eröffnete Zucker-Museum. Es ist eines der ältesten Spezialmuseen Berlins. Die Aufnahme entstand im Februar 1960.

Diese Aufnahme entstand in den 1960er Jahren im Zucker-Museum. Es zeigt ein Modell der ersten Zuckerfabrik der Welt in Cunern (Schlesien) aus dem Jahre 1801. Das Modell ist heute noch zu besichtigen. Das Zucker-Museum lädt in die neu gestaltete Sammlung ein.

6

Verkehr und Wirtschaft

Das Foto entstand am 19. November 1955 anläßlich der 50-Jahr-Feier des Autobusbetriebshofes in der Usedomer Straße der Berliner Verkehrsbetriebe.

Oma Hanna Ratzlow nahm Abschied von „ihrer" Straßenbahn der Linie 28 (Tegelort – Moritzplatz), die durch die Müllerstraße fuhr. Der Pfingstausflug am 25. Mai 1958 war eine der letzten Möglichkeiten, mit der Straßenbahn zu den Konzerten am Tegeler See zu fahren, denn kurz darauf wurde die U-Bahn nach Tegel eröffnet.

In den Jahren 1925 bis 1927 wurden die Blockrandbebauung und die Hallen des Straßenbahnbetriebshofes an der Müllerstraße nach Plänen des Architekten Jean Krämer durch die gemeinnützige Heimstättengesellschaft der Berliner Straßenbahn GmbH errichtet. Der Betriebshof wurde 1959 zum Autobusbetriebshof umgebaut.

Ein Omnibus der Linie 6, vom S-Bahnhof Charlottenburg kommend, fuhr 1934 von der Afrikanischen Straße in Richtung Müllerstraße. Von dort aus ging es weiter über Reinickendorf-Ost bis zur Endstation am S-Bahnhof Wittenau (Nordbahn).

Auf der Strecke der Linie 4 (Wedding, Chausseestraße/Ecke Liesenstraße nach Kreuzberg, Hallesches Tor) wurden um 1900 versuchsweise Busse mit Elektroakkumulatoren eingesetzt. Ab dem 18. November 1905 wurden auf dieser Linie benzinbetriebene Kraftomnibusse verwendet.

Das Foto entstand 1954 in der U-Bahn Hauptwerkstatt der Seestraße. Die Werkstatt wurde im Zuge des U-Bahn-Baus der Strecke Seestraße – Hallesches Tor am 8. März 1923 in Betrieb genommen.

Auf dem am 14. Februar 1926 eröffneten U-Bahnhof Kreuzberg (heute Platz der Luftbrücke) stand ein Vierwagenzug zur Abfahrt zur Endstation Seestraße bereit. Im Volksmund wurden die Wagen mit den ovalen Stirnfenstern „Tunneleulen" genannt. Diese erste U-Bahn-Linie im neueren und breiteren Großprofil wurde 1923 von der Nord-Süd-Bahn AG eröffnet.

Durch die Überschwemmungen vom 14. April 1902 wurde die 1842 fertiggestellte Trasse durch den Wedding zum Stettiner Bahnhof (heute Nordbahnhof) in Höhe des heutigen S-Bahnhofs Humboldthain überflutet. Auf der rechten Seite der Postkarte sind die gemauerten Bögen an der Hochstraße zu sehen.

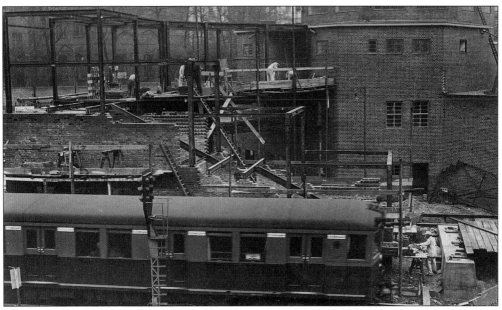

An der Wiesenstraße wurde für die Nord-Süd-Bahn der S-Bahnhof Humboldthain von Richard Brademann erbaut. Der Bahnhof mit dem imposanten siebeneckigen Eingangsgebäude wurde am 31. Januar 1935 feierlich eingeweiht.

Die Allgemeine Berliner Omnibus Actiengesellschaft (ABOAG) baute 1907 in der Schwedenstraße 14-15 einen 105 Meter langen und 47 Meter tiefen zweigeschossigen Pferdebusbahnhof. Im Erdgeschoß befanden sich ein Krankenstall, Schmiede und Werkstatt sowie die Wagenhallen. Über Rampen wurden die Pferde zu den Ställen im Obergeschoß gebracht. Ein Elevator transportierte das Heu in das Heulager in der obersten Etage.

Um 1880 begann der Braumeister Christoph Groterjan, im Gegensatz zu den damaligen leichten, obergärigen Bieren, ein gehaltvolles und würzig schmeckendes Malzbier zu brauen. Die Groterjan Aktiengesellschaft verlegte 1929 ihre Malzbierbrauerei in die Prinzenallee 78-79. Die Aufnahme entstand im Oktober 1929 im Hof der Brauerei, die nach Entwürfen von Bruno Buch errichtet wurde.

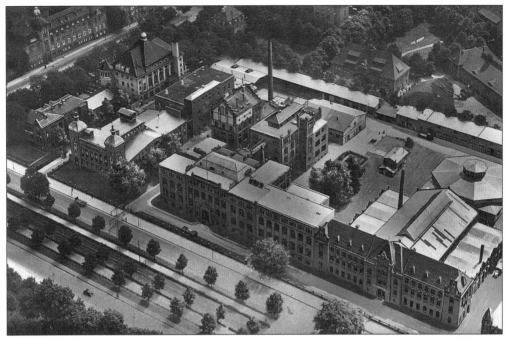

Die Luftaufnahme von 1941 zeigt das weitläufige Gelände der 1891 errichteten Versuchsbrauerei und die Neubauten des Instituts für Gärungsgewerbe und Stärkefabrikation an der Seestraße von 1897. Am oberen linken Bildrand ist das Institut für Zuckerindustrie an der Amrumer Straße zu erkennen.

Die Aufnahme zeigt die Lichthalle des Instituts für Gärungsgewerbe in der Seestraße 13 noch in ihrer alten Pracht. Heute ist die Halle im Stil der 1950er Jahre gestaltet.

Die Wäscherei und Färberei H. Dittrich befand sich einst in der Christianiastraße 127. Nach der Namensänderung der norwegischen Hauptstadt wurde auch die Weddinger Straße am 3. November 1938 in Osloer Straße umbenannt.

Ein Blick an der einstigen Mädchenschule in der Antonstraße vorbei zum Wittler Brot Fabrikgebäude an der Maxstraße. Heinrich und August Wittler eröffneten zunächst 1898 eine Bäckerei in der Müllerstraße. Von 1908 bis 1930 wuchs das Fabrikgelände an der Maxstraße zur größten Brotfabrikation mit Fuhrbetrieb im Wedding.

Das am 30. Januar 1929 entstandene Foto zeigt die Folgen der Brandkatastrophe im Warenhaus Tietz in der Chausseestraße. Es war der erste totale Warenhausbrand in der Berliner Geschichte.

Der Neubau des Warenhauses Hertie (einst Tietz) nahe der Panke in der Chausseestraße 69/71 wurde 1929 von Johann Emil Schaudt erbaut. Stilistisch war es von dem von Erich Mendelsohn entwickelten „dynamischen Funktionalismus" beeinflußt. Das Warenhaus wurde in den 1970er Jahren geschlossen und später abgerissen.

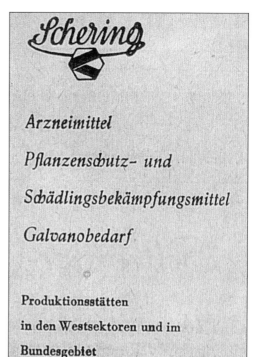

Ernst Schering erwarb 1851 die Schmeissersche Apotheke, Grüne Apotheke genannt, in der Chauseestraße 17 in Mitte. Der Apotheker erkannte früh die Bedeutung, chemische und pharmazeutische Präparate analytisch rein herzustellen und industriell zu produzieren. 1858 kaufte er sein erstes Firmengrundstück im Wedding und wandelte 1871 die „Chemische Fabrik" in eine Aktiengesellschaft um. Mit dieser Annonce warb die Schering AG im Jahre 1951.

Die Aufnahme von 1955 zeigt das Hauptlaboratorium für die Pflanzenschutzforschung der Schering AG im Werk Wedding.

1889 wurde in der Müllerstraße 171 der Verwaltungsbau der Schering AG errichtet. Wegen seiner roten Backsteinfassade hieß das Gebäude im Berliner Volksmund Rotes Schloß. Bei den Bombenangriffen vom 22. und 23. November 1943 wurden das Rote Schloß sowie das Warenlager im Stammwerk Wedding total zerstört.

Die Schering AG folgte nach dem Ende des Zweiten Weltkrieges nicht dem Ruf gen Westen, sondern behielt ihren Firmensitz in Berlin (Wedding) bei. 1950 wurde anstelle des Roten Schlosses ein neues Verwaltungsgebäude errichtet. Die Schering AG stellte am 1. Juni 1961 in Deutschland sein wohl populärstes Erzeugnis vor – die „Pille" namens Anovlar.

Emil Rathenau erwarb 1883 die in Ackerstraße 76 gelegene Maschinenfabrik von W. Wedding für die 1887 gegründete Allgemeine Elektrizitäts-Gesellschaft (AEG). Die Aufnahme des Stammhauses entstand, von der Feldstraße und dem Gartenplatz aus gesehen, im Jahre 1935.

Im AEG-Werk Ackerstraße wurden bis 1951 mehr als 18 Millionen Elektrizitätszähler sowie Elektrouhren und Kleinstsynchronmotoren hergestellt und auch in alle Welt geliefert. Das Foto zeigt die Kleinmotorenfabrik im Jahre 1913.

In der Brunnenstraße 107a entstand 1897 nach Entwürfen von Franz Schwechten das Hauptportal der AEG, Beamtentor genannt. Auf dem 20.000 Quadratmeter großen Werksgelände wurden ab 1909 eine Großmaschinenhalle und weitere Werkhallen an der Voltastraße errichtet. Zwischen dem Stammwerk in der Ackerstraße und diesem Werksgelände wurde erstmals eine elektrische Werkbahn, quasi die erste U-Bahn Berlins, betrieben.

Das AEG-Werk Brunnenstraße zählte zu den bedeutenden elektrotechnischen Fertigungsstätten Europas. Elektrische Maschinen bis hin zu Bahnmotoren und Gleichrichtern wurden gefertigt. Das Foto zeigt die Lokomotivenfabrik. 1983 wurde die Produktion im Wedding eingestellt.

Das Telefunken-Rundfunkgerätewerk in der Schwedenstraße 9/Ecke Tromsöer Straße wurde erst in den Kriegsjahren 1939 bis 1941 von Ernst Ziesel erbaut. Das Bild zeigt noch die Kriegsschäden des Werkes an der links verlaufenden Schwedenstraße. Die Firma Telefunken produzierte auch Schallplatten, u.a. von der Sängerin Manuela.

Die bekannte Schlagersängerin Manuela wurde 1945 als Doris Wegener im Wedding geboren. Ihre Jugend verlebte sie am Brunnenplatz in der Thurneysser Straße. Das Foto entstand kurz nach ihrer Entdeckung im Jahre 1962. Sie starb am 14. Februar 2001 an Krebs. Ihre Schlager „Schuld war nur der Bosa Nova" und „Monsieur Dupont" sind unvergessen.

7
Gebietsreform 1938

Auf dieser um 1920 von Ernst Küssner gezeichneten Postkarte sind das Empfangsgebäude des S-Bahnhofes Pankow-Nordbahn an der Sternstraße, rechts das königliche Schloß Schönhausen und unten das Hauptportal des Bürgerparks zu sehen. Der S-Bahnhof wurde mit der Gebietsreform 1938 in Wollankstraße umbenannt. Das Pankower Dreieck jenseits des Bahnhofes gehört seitdem zum Wedding. Es erhielt 1963 die Bezeichnung der verselbständigten evangelischen Kirchengemeinde Pankow-West.

Diese im Jahre 1911 abgestempelte Postkarte zeigt die Bebauung an der Wollankstraße. In der rechts zur S-Bahn verlaufenden Nordbahnstraße wurde 1896 die alten Straßenlaternen durch „Auer-Gasglühlicht" probehalber ausgestattet. Diese Gaslampen waren die ersten in Pankow.

Im angeblich schönsten Haus in Pankow-West in der Nordbahnstraße 9 an der Ecke zur Sternstraße befand sich einst das „Restaurant zum Schmuckkästchen". Inhaber war um 1930 August Schmittke.

Die Steegerstraße wurde um 1900 zunächst als Sackgasse zur Wollankstraße angelegt. 1918 wurde sie dann bis zum Gesundbrunnen weitergeführt. Hinter den Siedlungsbauten verläuft die Bahntrasse der Nordbahn.

An der Wollankstraße wurden von 1905 bis 1906 die sogenannten Posadowsky-Häuser nach Entwürfen von Carl und Walter Köppen für den Vaterländischen Bauverein errichtet. Die Anlage wurde von 1910 bis 1911 erweitert. Namenspatron ist der Staatssekretär im Reichsamt des Inneren, Arthur Graf von Posadowsky-Wehner, der die gesamte Wohnanlage förderte.

Blick von der Wollankstraße in die Schmidtstraße, die am 23. September 1938 in Kattegatstraße umbenannt wurde. Auf der linken Seite der Kattegatstraße mit der Nummer 5 befindet sich ein villenähnliches Mietshaus, von Baumeister H. Enden errichtet. In der Bildmitte ist der Turm dieses Hauses zu erkennen.

Auf der Kreuzung Stern- und Schmidtstraße (heute Kattegatstraße) befand sich eine sternförmige Blumenrabatte in der Mitte des Platzes, die jedoch nach 1900 als Verkehrshindernis angesehen und entfernt wurde. Auf dem Bild von 1906 sind die Eckhäuser Sternstraße 7 und 9 zu erkennen. In der Bildmitte befindet sich die damalige 4. Gemeindeschule Pankow, die am 10. April 1899 eröffnet wurde.

In Pankow-West liegt das 1908 fotografierte Haus in der Sternstraße 2/Ecke Gottschalkstraße. Interessant sind die neben den gemauerten Balkonen zusätzlich angebrachten, mit Ziergittern versehenen Balkone. Leider sind diese heute nicht mehr erhalten.

Das „Kloster zum guten Hirten" an der Residenzstraße befand sich ursprünglich im südlichen Reinickendorf. Der rechte Gebäudeteil mit der Kirche wurde im Zweiten Weltkrieg zerstört. Heute steht dort ein Kirchenneubau.

Durch die Gebietsreform wurden auch zwischen Mitte und Wedding die Bezirksgrenzen begradigt. Betroffen war auch die 1894 geweihte Versöhnungskirche an der Bernauer Straße 4, die dem Bezirk Mitte zugeschlagen wurde. Das schräg gegenüber gelegene Lazarus-Krankenhaus kam dagegen zum Wedding.

Auf dem Gelände des Tegeler Schießplatzes und Luftschifferregiments in der Jungfernheide wurde um 1935 mit dem Bau der Kaserne am heutigen Kurt-Schumacher-Damm begonnen. Zunächst trug die Kaserne den Namen „Hermann Göring". 1938 kam das Gebiet jenseits des Schwarzen Grabens zum Wedding. In der Nachkriegszeit war dort das „Quartier Napoleon" der französischen Militärregierung. Heute befindet sich an dieser Stelle die Julius-Leber-Kaserne.

8

700-Jahr-Feier im Wedding 1951

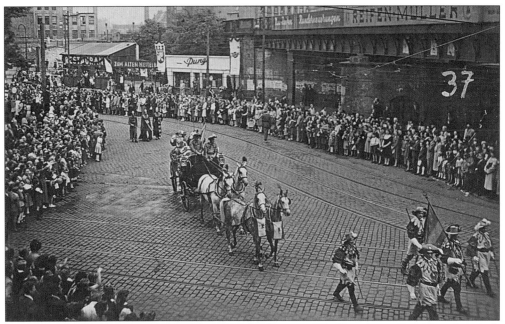

Vom 2. bis zum 10. Juni 1951 fand die 700-Jahr-Feier im Wedding statt. Die folgenden Aufnahmen entstanden am 3. Juni 1951 am Nettelbeckplatz. Rechts im Bild sind die Eisenbahnbrücken der Ringbahn am Bahnhof Wedding zu sehen.

Hier wurde an Königin Luise erinnert, die Namenspatronin der Quelle am Gesundbrunnen. Daneben befand sich ein Modell des um 1760 errichteten Brunnenhäuschens.

Die Weddinger Buchhändler erinnerten auf diesem Wagen an den Apotheker Dr. Heinrich Wilhelm Behm, der die Quelle am Gesundbrunnen als Kuranstalt ausbaute.

Auf dem Transporter der Malzbierbrauerei Groterjan waren Müller und eine Mühle dargestellt – zur Erinnerung an die Zeit, als es an der Müllerstraße noch Mühlen gab.

Hier wurde auf die Zeit verwiesen, als noch Pferdefuhrwerke bei der Weddinger Feuerwehr eingesetzt wurden.

Auf dem Wagen grüßten Sportler des ältesten deutschen Boxvereins „Astoria", der am 10. Juli 1912 im Wedding gegründet wurde.

Dieser Umzugswagen erinnerte an den Humboldthain am Gesundbrunnen. Die Damen in der Bildmitte saßen im nachempfundenen Rosengarten.

Es marschierten Mitglieder des Berliner Hockey Clubs „Schwarz-Weiß". Das Maskottchen des Vereins, ein Pinguin, ist am unteren rechten Bildrand auszumachen.

Auch dem sogenannten „Schmalen Handtuch" wurde gedacht. Dies war ein einfaches Fachwerkhaus an der oberen Müllerstraße, in dem der letzte Sandfuhrmann Berlins wohnte.

Auf diesem Wagen fuhren Mitglieder der Kleingartenkolonie „Quartier Napoleon". Die Kolonie liegt südlich der heutigen Julius-Leber-Kaserne am Kurt-Schumacher Damm.

Zur 700-Jahr-Feier wurde die Schulstraße am südlichen Teil des Leopoldplatzes zur Kirmesmeile. Im Bildhintergrund ist das tempelähnliche Gebäude der 1835 geweihten Alten Nazarethkirche von Friedrich Schinkel zu sehen.

9

Zweiter Weltkrieg, Nachkriegszeit und Mauerbau

Das Stadtbad Wedding in der Gerichtstraße wurde 1908 eröffnet. Das Foto zeigt die schweren Bombenschäden um 1946. In den 1950er Jahren erfolgte der Wiederaufbau.

Starke Zerstörungen auch an der Kapernaumkirche in der Seestraße 34, die 1902 nach Entwürfen von Siebold im neuromanischen Stil erbaut wurde. Der Glockenturm an der Antwerpener Straße wurde vereinfacht wieder aufgebaut.

Durch den Druck einer Fliegerbombe wurde dieses Hinterhaus beschädigt. Es sind deutlich die Einschläge der Bombensplitter und die geborstenen Fensterscheiben zu erkennen.

Die Aufnahme um 1950 zeigt den Weddingplatz von der Reinickendorfer Straße aus. Auf der linken Seite ist noch einen Gasbehälter des 1859 errichteten 3. Städtischen Gaswerks an der Sellerstraße zu sehen. Der Schornstein auf der rechten Seite und die Bautätigkeiten in der Fennstraße weisen auf die Schering AG hin. Das Jugendstilgebäude auf der rechten Bildseite an der Müllerstraße ist als einziges bis heute erhalten geblieben.

Auf dem Foto von 1953 sind in der Bildmitte die Torbögen der am 1. September 1892 eröffneten Markthalle XIV in der Reinickendorfer Straße 6 in Höhe des Weddingplatzes zu erkennen. Im Hintergrund ist die Brücke am S-Bahnhof Wedding am Nettelbeckplatz sichtbar.

Auf dem ehemaligen Gelände des Berliner Nordparks in der Müllerstraße 147 wurde 1964 das Hochhaus mit dem Bezirksverordnetensaal des Rathaus-Neubaus errichtet. Rechts ist der Rathaus-Altbau an der Limburger Straße zu sehen.

Im Rathaus-Neubau befand sich bis zur Jahrtausendwende das Standesamt Wedding. Auf dem Rathausvorplatz entstand dieses Foto eines frisch getrauten Ehepaars im Winter 1965.

Das Bild zeigt die belebte Kreuzung Müller-/Ecke Seestraße in Richtung Leopoldplatz. 1956 wurde die U-Bahn von der Seestraße zum Kurt-Schumacher-Platz verlängert. Kurz darauf wurde der Straßenbahnverkehr auf der Müllerstraße eingestellt.

Diese Aufnahme entstand 1952 von der Müllerstraße zur Kreuzung an der Seestraße. In der Bildmitte ist das 1921 eröffnete Kino „Alhambra" zu sehen. Nach dem Zweiten Weltkrieg begann das Kino mit dem Film „Tagebuch einer Verliebten" mit Maria Schell und O.W. Fischer wieder den Spielbetrieb.

Das auf der oberen Müllerstraße in Höhe der Kongostraße gelegene Grundstück Nummer 122 wurde von 1900 bis 1926 als Hundefriedhof von den Tierärzten Wernicke und Mey angelegt. Heute befindet sich dort die am 29. Juli 1950 eröffnete Müllerhalle. Sie ist heute die einzige Markthalle im Wedding.

Praktisch war der „Käfer" von Volkswagen. Auf der Kofferbrücke konnte ein zusammengeklappter Kinderwagen transportiert werden. Das Bild entstand 1964 neben der Müllerhalle in der Kongostraße.

Lebhafte Geschäftigkeit zeichnete die Badstraße am Gesundbrunnen noch Anfang der 1960er Jahre aus.

Auch elegante Schuhgeschäfte prägten die Nachkriegszeit in der Badstraße. Das Foto entstand 1958 bei „Schuh Neumann".

„Zur gemütlichen Ecke" heißt noch heute die Restauration im Eckhaus Prinzenallee 31. Rechts gleitet der Blick in die Biesentaler Straße. Dort wurden die Stuckfassaden von 1875 liebevoll wieder hergestellt.

In den Sommerferien fanden auch im Wedding die traditionellen Festumzüge mit Kinderfesten statt. Die Aufnahme entstand im Juli 1948 in der Wriezener Straße.

Vor dem Haus Prinzenallee 32 startete die Familie Schöppe in den 1960er Jahren zum Wochenendausflug in die Lüneburger Heide.

Hochzeitsgäste vor der Stephanuskirche in den 1960er Jahren. Im Hintergrund ist die Tankstelle an der Ecke Prinzenallee/Soldiner Straße zu sehen. Sie mußte Anfang der 1980er Jahre der Neubebauung weichen.

Die Kindermode in den 1950er Jahren. Im Hintergrund werden die zaghaften Aufbauversuche im „Tiefen Wedding" an der Ackerstraße in Höhe des Gartenplatzes deutlich.

Der großflächige Wiederaufbau des Wedding begann 1954 mit dem Bau der Ernst-Reuter-Siedlung von Felix Hinssen. Um ein 14geschossiges Hochhaus mit 58 Wohnungen gruppieren sich im Grünen die niedrigen Wohnblöcke am Theodor-Heuss-Weg zwischen Acker- und Gartenstraße.

Am traditionellen Ort des Restaurants „Schwedenzelt" an der Ecke Schweden- und Exerzierstraße entstand in den 1950er Jahren eine „Wienerwald"-Brathendlstation. Das Foto zeigt Bedienungs- und Küchenpersonal am 23. Dezember 1960. In der oberen Bildmitte steht der Firmengründer Friedrich Jahn.

Im Jahre 1892 wurde die ebenerdige Trasse der Stettiner- und Nordbahn an der Kreuzung Garten- und Liesenstraße durch eine weit gespannte Eisenbahnbrücke ersetzt. Im Volksmund wird die kühne Eisenkonstruktion Schwindsuchtbrücke genannt. Die Aufnahme entstand 1956 anläßlich Instandsetzungsarbeiten für die S-Bahn. Es waren seinerzeit noch Bauleitungen aus Ost- und West-Berlin beteiligt, da der südliche Brückenkopf im Sowjetsektor lag.

59 Tage nach der Pressekonferenz wurde das Unfaßbare wahr: Am 13. August 1961 begannen Bauarbeiter der DDR mit dem Bau der Berliner Mauer. Rund 7,2 Kilometer lang war die Mauer zwischen dem Wedding und dem Sowjetsektor (Pankow, Prenzlauer Berg und Mitte).

Auf dem Foto ist deutlich der Grenzverlauf an der Bernauer Straße zu erkennen. Die Grenze verlief genau entlang der Häuserfront. Der Bürgersteig davor befand sich schon auf Weddinger Gebiet. Das Eckhaus stand einst in der Wolliner Straße.

Nach und nach wurden alle Fensterfronten in der Bernauer Straße zugemauert. Das Foto zeigt das Haus Nummer 48 nahe der Schwedter Straße.

Bernd Lünser starb am 4. Oktober 1961 bei der Flucht aus einem Haus in der Bernauer Straße. Ein Kreuz mit Stacheldraht mahnte an den Toten. Gezielt wurde auf Republikflüchtlinge geschossen.

Auch die Versöhnungskirche gegenüber der Hussitenstraße stand im Grenzgebiet und wurde eingemauert. Um ein freies Schußfeld zu bekommen, wurde das Gotteshaus am 22. Januar 1985 gesprengt.

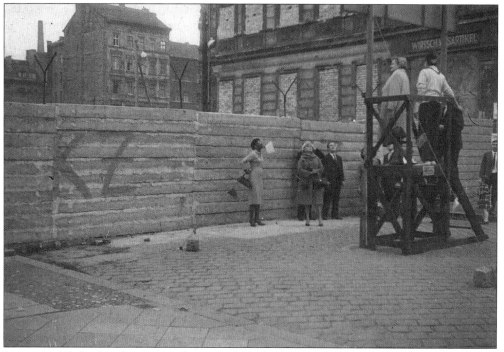

Um einen Blick über die Grenzanlagen nach Ostberlin zu erhalten, wurden Hochstände, wie hier an der Bernauer/Ecke Ruppiner Straße, errichtet. Die Buchstaben an der Mauer ließen Vergleiche zu früheren Zeiten zu.

Der S-Bahnhof Wollankstraße war mit seinem zugemauerten Empfangsgebäude und den Bahnsteigviadukten an der Nordbahnstraße ebenfalls Teil der Mauer. Für Bahnbenutzer (nur West-Berliner) wurde ein schmaler Zugang an der Wollankstraße offen gehalten.

Quer über die Bösebrücke verlief die innerdeutsche Grenze. Das Foto entstand am 15. Dezember 1961 am Grenzübergang Bornholmer Straße. Am 9. November 1989 öffnete sich hier erstmals die Grenze zu West-Berlin. Die Wiedervereinigung Deutschlands begann.

Sutton Verlag
BÜCHER AUS IHRER REGION

Neukölln. Alte Bilder erzählen
Falk-Rüdiger Wünsch
ISBN: 978-3-89702-096-2
14,90 €

Berlin-Mitte. Herz der Hauptstadt
Ralf Schmiedecke
ISBN: 978-3-89702-714-5
17,90 €

Ein Rendezvous mit dem **Prenzlauer Berg**
Martin Strecker
ISBN: 978-3-89702-377-2
17,90 €

Was war los in **West-Berlin 1950-2000**
Jürgen Scheuneman und Gabriela Seidel
ISBN: 978-3-89702-321-5
9,90 €

Berlin-Charlottenburg
Christian Hopfe
ISBN: 978-3-89702-442-7
17,90 €

SUTTON VERLAG